Lucrando com o Celular

7 maneiras de fazer dinheiro usando o celular

Carlos Loyola

Índice:

Prefácio

Sempre fui uma pessoa inquieta, com uma sede insaciável por mais. A vida, acredito, tem muito mais a oferecer do que a rotina monótona das 9h às 17h e um salário que mal cobre as contas. Foi essa crença que me levou a este livro - "Lucrar Online: O Segredo Revelado por Carlos Loyola" - e posso dizer com confiança que esta foi uma das melhores decisões que já tomei.

Este livro não lá uma fórmula mágica, mas é com certeza um guia detalhado e meticuloso que ilumina o caminho para o sucesso no mundo do empreendedorismo online. Carlos Loyola, com sua sabedoria e experiência, oferece uma visão clara e acessível das oportunidades disponíveis e como explorá-las de maneira eficaz. Cabe a você colocar em prática.

O que me surpreendeu desde o início foi a abordagem prática do livro. Cada capítulo desvenda um aspecto do universo online, seja criação de conteúdo para redes sociais, venda de produtos online, marketing de afiliados, venda de fotos, pesquisa remunerada, trabalho freelancer ou criação de um canal no YouTube. A cada página, Carlos apresenta ideias tangíveis, passos acionáveis, e fornece os links necessários, facilitando muito a jornada de qualquer iniciante.

No entanto, o valor real deste livro está em sua honestidade. Carlos deixa claro que o sucesso não vem facilmente. É preciso trabalho duro, dedicação e uma vontade incessante de aprender e se adaptar. Não há atalhos, mas este livro oferece o mapa mais claro e direto que já encontrei para navegar no vasto oceano das oportunidades online.

Apliquei os ensinamentos deste livro na minha vida e os resultados têm sido surpreendentes. O prazer de ganhar o meu próprio dinheiro, a liberdade de ser o meu próprio patrão e o orgulho de construir algo de valor são sentimentos inigualáveis. Este livro abriu para mim as portas do mundo do empreendedorismo online e eu nunca olhei para trás.

Se você está lendo este prefácio, parabenizo-o por dar o primeiro passo em direção a uma vida de possibilidades infinitas. A estrada para o sucesso não é fácil, mas com "Lucrar Online: O Segredo Revelado por Carlos Loyola" em suas mãos, você tem um guia confiável para ajudá-lo a desbravar o caminho.

Então, mergulhe fundo, explore cada página, absorva cada lição. Mas acima de tudo, tome medidas. O conhecimento é inútil sem ação. Estou ansioso para ouvir suas histórias de sucesso!

Boa leitura!

Um leitor entusiasmado e satisfeito,

Lucas Souza

CAP. 1

Introdução

Olá! Seja bem-vindo(a) à jornada que mudará sua perspectiva sobre como obter renda e abrirá as portas para o mundo do empreendedorismo digital. Ao decidir ler este ebook, você demonstrou um ingrediente essencial para o sucesso: acreditar em si mesmo. Por isso, quero parabenizá-lo por dar este primeiro e importantíssimo passo rumo à independência financeira. É um ato de coragem investir em seu conhecimento e buscar novas formas de lucrar, e você já demonstrou possuir essa coragem. Parabéns!

No decorrer das próximas páginas, você descobrirá diversas maneiras de utilizar seu celular para gerar lucro. Da criação de conteúdo para redes sociais à venda de fotos, do marketing de afiliados ao trabalho freelancer, há um oceano de oportunidades à sua espera.

E o mais interessante é que este eBook inclui informações extremamente valiosas, como links para sites, plataformas e recursos que irão ajudá-lo a começar seu empreendimento. Este é um recurso indispensável que você terá à disposição sempre que precisar.

Todavia, antes de embarcar nesta jornada, gostaria de oferecer um conselho crucial: escolha uma estratégia para começar. Embora todas as estratégias apresentadas aqui sejam eficazes e lucrativas, tentar abraçar todas de uma vez pode levar a distrações e a uma diluição do seu foco. Assim como em qualquer outro negócio, a concentração e a especialização são fundamentais para obter sucesso no mundo digital.

Por isso, ao ler este ebook, tente identificar a estratégia que mais se alinha com seus interesses e habilidades. Se você gosta de interagir com as pessoas e construir relacionamentos, talvez a criação de conteúdo para redes sociais seja o caminho para você. Se você é apaixonado por fotografia, vender suas fotos pode ser uma ótima maneira de monetizar sua paixão.

Após escolher a estratégia que mais se adapta ao seu perfil, dedique-se a ela. Aprenda o máximo que puder, pratique, ajuste suas estratégias conforme necessário e persista. No início, pode ser que as coisas não saiam como esperado, mas não desista. Com tempo, prática e persistência, tenho certeza de que você começará a ver os frutos do seu esforço.

Tenha em mente que o objetivo deste ebook é ser um guia, uma bússola para orientá-lo na direção certa. No entanto, o sucesso final depende do seu esforço, da sua dedicação e, o mais importante, da sua crença em si mesmo. E como você está aqui, lendo este ebook, já sei que você acredita em si mesmo e está pronto para encarar essa jornada. Mais uma vez, parabéns por tomar essa decisão.

Bem-vindo à revolução digital. Vamos juntos nessa incrível jornada!

CAP. 2

O Potencial do Uso do Celular para Lucrar

Bem-vindo ao Capítulo 2! Se você está lendo esta página, isso indica que você tem a coragem e a curiosidade necessárias para explorar novas oportunidades. E que oportunidade mais empolgante do que a que está literalmente ao alcance de suas mãos?

Sim, você entendeu corretamente. Estamos falando do seu celular, um aparelho que, provavelmente, já é uma extensão da sua mão, que está sempre com você e que, na verdade, é uma potente máquina de fazer dinheiro. Pode parecer exagero, mas acredite, não é.

Hoje em dia, seu celular é muito mais do que um simples dispositivo de comunicação. É uma central de multimídia, uma plataforma de rede social, um escritório portátil, uma loja online, um estúdio de design, e muito mais. As possibilidades são praticamente infinitas. A verdade é que estamos vivendo em uma era dourada de oportunidades digitais e móveis.

O potencial de uso do celular para lucrar é vasto e está crescendo a cada dia. As pessoas ao redor do mundo estão monetizando suas habilidades, vendendo produtos, gerenciando negócios e criando novas formas de renda - tudo a partir dos seus celulares. E o melhor de tudo? Você pode fazer isso de qualquer lugar e a qualquer hora, oferecendo a você uma flexibilidade incrível.

Além disso, ao optar por ganhar dinheiro usando seu celular, você está escolhendo um caminho que permite uma entrada de baixo custo no mundo dos negócios. Sem aluguéis caros de escritório, sem despesas de deslocamento, sem investimento em equipamentos caros. Tudo que você precisa já está bem aí, no seu bolso.

Neste ebook, vamos explorar o enorme potencial do uso do celular para lucrar. Vamos mergulhar no universo das oportunidades digitais, desde a criação de conteúdo para redes sociais, a venda de produtos, até a realização de trabalhos como freelancer. Juntos, vamos desvendar o vasto universo de oportunidades que seu celular pode oferecer.

Lembre-se, este não é apenas um ebook. É o início de uma jornada rumo à independência financeira. Então, vamos lá? O futuro está chamando, e ele está na tela do seu celular!

Sete Maneiras Rentáveis e Fáceis para Lucrar com o Celular

Agora que você já sabe o quão promissor pode ser o mundo do empreendedorismo digital, é hora de explorarmos as sete maneiras rentáveis e acessíveis de lucrar com o seu celular. Prepare-se para descobrir um leque de oportunidades que vão do tradicional ao inovador, do simples ao complexo, mas sempre focado na acessibilidade e na rentabilidade.

1. **Criação de Conteúdo para Redes Sociais**: As redes sociais não são apenas uma maneira de se conectar com amigos e familiares. Elas são também uma plataforma para compartilhar ideias, experiências, e, acima de tudo, um meio de criar valor. Ao criar conteúdo relevante e engajador, você pode construir uma base de seguidores e monetizá-la através de parcerias, patrocínios e publicidade.

2. **Venda de Produtos**: O comércio eletrônico nunca foi tão relevante e fácil de acessar. Se você tem um produto para vender, seja ele físico ou digital, seu celular pode ser a ferramenta que você precisa para alcançar clientes em todo o mundo.

3. **Marketing de Afiliados**: Nesta modalidade, você pode ganhar dinheiro promovendo produtos ou serviços de outras pessoas. Para cada venda que é feita através do seu link de afiliado, você recebe uma comissão.

4. **Venda de Fotos**: Se você tem um olho para a fotografia, pode transformar suas fotos em uma fonte de renda. Existem diversas plataformas que permitem a venda de suas imagens para empresas e indivíduos ao redor do mundo.

5. **Pesquisa Remunerada**: Empresas em todo o mundo estão dispostas a pagar pelo seu tempo e opinião. Ao participar de pesquisas online, você pode ganhar dinheiro no conforto da sua casa.

6. **Freelance**: Seja você um escritor, designer, desenvolvedor, tradutor, ou qualquer outra profissão que possa ser exercida remotamente, há uma demanda enorme por freelancers em diversas áreas.

7. **Criação de Canal no YouTube**: Criar um canal no YouTube pode ser uma maneira divertida e lucrativa de compartilhar seu conhecimento, talento ou paixão. Ao crescer sua base de inscritos e visualizações, você pode monetizar seu canal através de publicidade, patrocínios e vendas diretas.

Cada uma dessas maneiras tem suas particularidades e requerem diferentes habilidades e níveis de comprometimento. Mas o mais importante é que todas elas podem ser começadas e gerenciadas diretamente do seu celular. Ao longo dos próximos capítulos, iremos explorar cada uma delas em detalhes, fornecendo um guia passo a passo para ajudá-lo a iniciar sua jornada para a lucratividade. Preparado para embarcar nessa jornada? Vamos lá!

Cap. 4

Criação de Conteúdo para Redes Sociais

Compreender o poder das redes sociais e saber como utilizá-las efetivamente é uma habilidade crucial para quem deseja lucrar online. As redes sociais têm se mostrado plataformas incríveis para a geração de renda, seja por meio da venda direta de produtos e serviços, seja por meio da construção de uma marca pessoal forte e atraente. Vamos então, passo a passo, descobrir como fazer isso.

Passo 1: Escolha sua plataforma

A primeira etapa para começar a lucrar com a criação de conteúdo para redes sociais é escolher em qual plataforma você deseja focar. Cada plataforma tem um público-alvo e um estilo de conteúdo específicos. Alguns dos mais populares são:

- Instagram: https://www.instagram.com/

- Facebook: https://www.facebook.com/

- YouTube: https://www.youtube.com/

- TikTok: https://www.tiktok.com/

- Twitter: https://twitter.com/

Passo 2: Defina seu público-alvo

Depois de escolher a plataforma, você precisa definir quem é seu público-alvo. Quais são seus interesses? Qual é a sua faixa etária? Que tipo de conteúdo eles consomem? Saber quem é seu público-alvo ajudará você a criar conteúdo que ressoe com eles.

Definir seu público-alvo é um passo crucial para a criação de conteúdo bem-sucedido. Para isso, você deve pesquisar e entender quem é mais provável que esteja interessado no que você tem a oferecer. Aqui estão algumas maneiras de fazer isso:

- Pesquise seus concorrentes: Quem está seguindo e interagindo com eles?

- Realize pesquisas: Use as ferramentas de enquete das redes sociais para perguntar diretamente ao seu público o que eles gostam ou esperam.

- Use ferramentas de análise: Ferramentas como Google Analytics e as análises integradas às próprias redes sociais podem fornecer informações demográficas valiosas.

Passo 3: Crie conteúdo de qualidade

A qualidade do seu conteúdo é crucial para atrair e reter seguidores. Aqui estão algumas dicas para ajudar você a garantir que seu conteúdo seja de alta qualidade:

- Forneça valor: Seu conteúdo deve oferecer algo de valor aos seus seguidores, seja entretenimento, informações úteis, ou ambos.

- Invista em boas imagens: Fotos e vídeos de alta qualidade podem fazer uma grande diferença na percepção do seu público sobre seu conteúdo.

- Seja autêntico: Autenticidade é fundamental nas redes sociais. Seja você mesmo e compartilhe seu verdadeiro eu com seus seguidores.

Agora que você sabe quem é seu público, é hora de criar conteúdo. Lembre-se, a qualidade é fundamental. Invista tempo e esforço em criar conteúdo que seja informativo, interessante e atraente. Utilize boas práticas de SEO para otimizar seu conteúdo e aumentar sua visibilidade. Ferramentas como Google Trends (https://trends.google.com/trends/) e Ubersuggest (https://neilpatel.com/br/ubersuggest/) podem ser úteis.

Passo 4: Interaja com seu público

A interação é a chave para o crescimento nas redes sociais. Responda aos comentários, faça perguntas, crie enquetes. Quanto mais você interagir com seu público, mais engajado ele se tornará. Além disso, aqui estão algumas dicas para ajudar seu conteúdo a "viralizar":

- Crie conteúdo engajante: Isso pode ser tão simples quanto fazer uma pergunta ao final de suas postagens para incentivar comentários, ou tão complexo quanto criar um desafio ou concurso.

- Use hashtags relevantes: Hashtags podem ajudar a aumentar a visibilidade do seu conteúdo e atrair novos seguidores.

- Colabore com outros criadores de conteúdo: As colaborações podem ajudar a expandir seu alcance, trazendo o público de outras pessoas para você.

Passo 5: Utilize as ferramentas de monetização

Depois de construir uma base sólida de seguidores, é hora de começar a monetizar. Existem várias maneiras de fazer isso, dependendo da plataforma que você escolheu. Você pode monetizar através de anúncios, parcerias, venda de produtos ou serviços, entre outros.

Além disso, existem plataformas como o Patreon (https://www.patreon.com/), onde seus seguidores podem apoiá-lo financeiramente, ou o Ko-fi (https://ko-fi.com/), que também permite que você crie conteúdo exclusivo para assinantes e receba apoio direto dos seus seguidores.

Continuando com o Passo 6: Seja consistente

Por último, mas não menos importante, seja consistente. Publique regularmente e mantenha uma presença constante nas redes sociais. Isto ajudará a manter o seu público engajado e fará com que a sua base de seguidores continue a crescer.

Passo 7: Recebendo seus lucros

Agora que você trabalhou duro e criou um conteúdo de qualidade que atraiu seguidores e engajamento, é hora de colher os frutos do seu trabalho. Mas como exatamente você faz isso? Como você transforma seus seguidores e engajamento em dinheiro tangível?

Existem várias maneiras de monetizar seu conteúdo nas redes sociais, dependendo da plataforma que você está usando. Aqui estão algumas das formas mais comuns:

1. **Parcerias e patrocínios:** Uma vez que você construiu uma base sólida de seguidores, você pode começar a atrair a atenção de marcas e empresas. Essas entidades podem estar dispostas a pagar você para fazer parcerias, seja promovendo seus produtos ou se tornando um embaixador da marca. Lembre-se de sempre divulgar quando um post é patrocinado para manter a transparência com seus seguidores.

2. **Publicidade paga:** Plataformas como o Instagram e o Facebook oferecem aos criadores de conteúdo a oportunidade de ganhar dinheiro com publicidade em seus posts. Isso normalmente é feito através do Facebook Ad

Breaks ou do YouTube Partner Program, onde anúncios são colocados em seus vídeos e você ganha uma porcentagem das receitas geradas.

3. **Produtos ou mercadorias:** Se você tem um público leal, pode considerar a venda de produtos ou mercadorias personalizadas. Isso pode variar de camisetas com seu logotipo até um eBook ou curso online. Há várias plataformas de comércio eletrônico que facilitam a venda de produtos, como o Shopify.

4. **Doações de seguidores:** Plataformas como Patreon e Apoia.se permitem que os criadores de conteúdo recebam doações ou contribuições regulares de seus seguidores. Isso pode ser uma ótima maneira de gerar receita se você tiver um público engajado que deseja apoiar seu trabalho.

Para receber seus ganhos, a maioria dessas opções exige que você tenha uma conta em um serviço de pagamento online, como o PayPal. Certifique-se de configurar sua conta e vinculá-la às suas contas de redes sociais para facilitar as transações. Lembre-se, sempre leia e entenda os termos e condições antes de concordar com qualquer forma de monetização.

Agora, você tem todos os passos para começar a lucrar com a criação de conteúdo para redes sociais. Lembre-se, é um processo que leva tempo, mas com paciência, consistência e trabalho duro, você certamente alcançará seus objetivos. Boa sorte em sua jornada!

CAP. 5

Criação de Venda de Produtos

Neste capítulo, irei guiá-lo através do processo de venda de produtos online. As oportunidades para a venda de produtos na Internet são vastas e sempre em crescimento. De roupas a livros, de produtos artesanais a cursos online, há um mercado para quase tudo. Aqui estão os passos para começar do zero:

Passo 1: Identifique seu Produto

Antes de começar a vender, é preciso saber o que você irá vender. Identifique um produto que você acredita que tenha demanda e que você possa fornecer. Pode ser algo que você produz, um produto que você pode adquirir para revender, ou até mesmo um produto digital como um ebook ou curso online.

Passo 2: Pesquise seu Mercado

Depois de identificar o produto, é importante entender seu mercado. Quem são seus potenciais clientes? Qual é o preço médio do mercado para seu produto? Quais são as tendências atuais? Ferramentas como o Google Trends (https://trends.google.com/trends/) podem ser úteis nesta fase.

Passo 3: Crie seu Produto

Dependendo do produto que você escolheu, este passo pode variar bastante. Se você está vendendo um produto físico, você precisará produzi-lo ou adquiri-lo de um fornecedor. Se está vendendo um produto digital, precisará criar esse produto, seja escrevendo um ebook, gravando um curso online, etc.

Passo 4: Escolha sua Plataforma de Venda

Existem várias plataformas que facilitam a venda de produtos online. Algumas operam globalmente e outras são específicas para o mercado brasileiro. Aqui estão algumas das mais populares que operam no Brasil:

- **Mercado Livre** (https://www.mercadolivre.com.br/): Uma das maiores plataformas de e-commerce na América Latina, onde você pode vender praticamente qualquer coisa.

- **OLX** (https://www.olx.com.br/): Uma plataforma de anúncios classificados online onde você pode vender uma variedade de produtos novos ou usados.

- **Elo7** (https://www.elo7.com.br/): Especializada em produtos artesanais e personalizados.

- **Amazon Brasil** (https://www.amazon.com.br/): A gigante global de e-commerce também opera no Brasil e oferece uma grande variedade de categorias de produtos.

- **Magazine Luiza** - Parceiro Magalu (https://www.magazineluiza.com.br/lojista/): Aqui, você pode criar uma loja virtual na plataforma da Magazine Luiza.

- **Hotmart** (https://www.hotmart.com/pt/): Especializada na venda de produtos digitais como cursos online, e-books, entre outros.

- **Shopify** (https://www.shopify.com.br/): Permite criar sua própria loja online. É uma plataforma global, mas tem suporte e funcionalidades completas para o Brasil.

Escolha a plataforma que melhor se adapta ao seu produto e às suas necessidades. Algumas taxas e comissões podem ser aplicáveis, então certifique-se de ler e entender os termos de uso de cada plataforma.

Passo 5: Configure sua Loja

Depois de escolher sua plataforma, você precisará configurar sua loja ou perfil. Isso geralmente envolve criar uma descrição da loja, adicionar produtos (com fotos e descrições), definir preços e políticas de envio (se aplicável) e o mais importante, como você irá receber seu dinheiro.

Passo 6: Promova seu Produto

Agora que sua loja está configurada, é hora de atrair clientes. Utilize redes sociais, SEO, e-mail marketing e outras táticas de marketing digital para divulgar seu produto. Não se esqueça de utilizar as análises dessas plataformas para entender melhor seu público e otimizar suas campanhas.

Passo 7: Venda e Entregue seu Produto

Quando alguém faz um pedido, é hora de vender e entregar o produto. Isso pode envolver o envio de um produto físico, o fornecimento de um link de download para um produto digital, ou a concessão de acesso a um curso online.

Passo 8: Gerencie seu Atendimento ao Cliente

Após a venda, você precisará fornecer suporte ao cliente. Isso pode incluir responder a perguntas, lidar com devoluções ou reembolsos e solicitar avaliações ou feedback.

Passo 9: Recebimento dos pagamentos

Agora que você construiu sua loja online, fez o marketing dos seus produtos, realizou vendas e cumpriu suas obrigações, é hora de abordar um aspecto muito importante - o recebimento dos pagamentos.

O recebimento do pagamento por suas vendas é um processo que pode variar de plataforma para plataforma, mas a maioria dos marketplaces online e plataformas de e-commerce têm processos bem definidos.

1. **Marketplaces (como Amazon, Mercado Livre, OLX):** Geralmente, após a confirmação do pedido e o envio do produto, o marketplace libera o pagamento para o vendedor. Este dinheiro, menos a comissão do marketplace, é então depositado na conta do vendedor, que pode ser uma conta bancária ou uma conta em um sistema de pagamento online como PayPal ou Mercado Pago.

2. **Plataformas de e-commerce (como Shopify, WooCommerce):** Se você estiver usando uma plataforma de e-commerce para vender seus produtos, provavelmente estará usando um processador de pagamento integrado como PayPal, PagSeguro, Stripe, entre outros. Normalmente, após uma venda ser feita, o dinheiro é automaticamente depositado em sua conta com o processador de pagamento. A partir daí, você pode transferir o dinheiro para sua conta bancária.

3. **Venda direta:** Se você está vendendo diretamente, como em um site próprio ou por meio de redes sociais, o processo de pagamento será determinado por você. Você pode optar por receber pagamentos através de transferências

bancárias, sistemas de pagamento online, ou até mesmo dinheiro, se for uma venda local.

Sempre verifique as taxas associadas a cada método de pagamento e escolha o que melhor atende às suas necessidades. Lembre-se de manter um controle rigoroso sobre suas finanças para garantir que você esteja recebendo o pagamento corretamente por suas vendas.

E por último, mas não menos importante, lembre-se de pagar seus impostos! Como um empresário, é sua responsabilidade garantir que você está cumprindo todas as suas obrigações fiscais. Se você não tem certeza sobre isso, é aconselhável consultar um contador.

O recebimento de pagamentos é uma parte crucial do processo de venda de produtos online. É a recompensa pelo seu esforço e trabalho duro, por isso, faça-o corretamente!

Agora, você tem o passo a passo para começar a lucrar com a venda de produtos online. Lembre-se, sucesso requer tempo e consistência, mas com esforço e persistência, você pode criar um negócio online rentável. Boa sorte em sua jornada empreendedora!

CAP. 6

Marketing de Afiliados

O marketing de afiliados é um dos métodos mais populares de monetização online, especialmente se você não tem um produto próprio para vender. Essencialmente, você promove os produtos de outra pessoa e ganha uma comissão por cada venda que realiza. Aqui estão os passos do início ao fim:

Passo 1: Entenda o que é o Marketing de Afiliados

Antes de começar, é crucial entender exatamente como funciona o marketing de afiliados. Você se inscreve para se tornar um afiliado de um produto, recebe um link exclusivo e sua tarefa é promover esse produto. Quando alguém faz uma compra usando o seu link, você recebe uma comissão.

Passo 2: Escolha um Nicho

É importante escolher um nicho para o seu marketing de afiliados. Isso deve ser algo pelo qual você é apaixonado e tem um bom conhecimento. Por exemplo, se você é um entusiasta de fitness, pode promover suplementos de fitness ou equipamentos de treino.

Passo 3: Encontre Produtos para Promover

Depois de escolher seu nicho, é hora de encontrar produtos para promover. Aqui estão algumas das plataformas de marketing de afiliados mais populares que operam no Brasil:

- Hotmart (https://www.hotmart.com/pt/)

- Monetizze (https://www.monetizze.com.br/)

- Eduzz (https://www.eduzz.com/)

- Amazon Associados (https://associados.amazon.com.br/)

Nessas plataformas, você pode buscar produtos no seu nicho e se inscrever para se tornar um afiliado.

Passo 4: Crie Conteúdo de Qualidade

Para promover os produtos, você precisará criar conteúdo de qualidade que atraia seu público-alvo. Isso pode ser um blog, um canal do YouTube, uma página no Instagram ou Facebook, um podcast, etc. O conteúdo deve ser valioso para o público e incluir suas recomendações de produtos.

Passo 5: Promova seus Links de Afiliados

Inclua seus links de afiliados no seu conteúdo. Seja transparente com o seu público que estes são links de afiliados e que você recebe uma comissão por qualquer venda realizada.

Passo 6: Acompanhe suas Vendas

A maioria das plataformas de marketing de afiliados fornecerá ferramentas para você acompanhar suas vendas e comissões. Assim que fizer uma venda, a plataforma geralmente cuidará de processar o pagamento e lhe pagará a comissão.

Passo 7: Receba comissões

A parte mais gratificante do marketing de afiliados é, sem dúvida, receber as comissões pelas vendas realizadas. Mas como funciona exatamente o recebimento dessas comissões? Aqui estão os detalhes:

1. **Periodicidade de pagamento:** A maioria das plataformas de afiliados paga comissões mensalmente, embora o dia exato do pagamento possa variar de plataforma para plataforma. Alguns pagam semanalmente, e outros podem ter um limite mínimo que você precisa alcançar antes de poder receber o pagamento.

2. **Forma de pagamento:** As formas de pagamento mais comuns são transferência bancária, cheque e PayPal. Algumas plataformas também podem oferecer outras formas de pagamento, como cartões de presente ou crédito para compras no próprio site. Verifique as opções de pagamento da plataforma e escolha a que mais se adequa a você.

3. **Taxas:** Algumas plataformas podem cobrar uma pequena taxa sobre as comissões pagas. Essa taxa geralmente cobre os custos do processamento do pagamento. Certifique-se de entender todas as taxas associadas ao recebimento de suas comissões para que você saiba exatamente quanto vai receber.

4. **Impostos:** Lembre-se de que as comissões recebidas do marketing de afiliados são consideradas renda e, portanto, estão sujeitas a impostos. Recomenda-se manter um registro de todas as suas comissões recebidas para fins fiscais.

O processo de recebimento de comissões é uma parte essencial do marketing de afiliados. Assim, garantir que você compreenda como e quando receberá suas comissões irá ajudá-lo a gerenciar suas expectativas e a manter suas finanças em ordem.

E é isso! Se você seguir estes passos e for consistente com sua estratégia de marketing de afiliados, é possível começar a ver uma renda significativa a partir das comissões. Lembre-se de sempre oferecer valor ao seu público e promover produtos nos quais você realmente acredita. Isso construirá confiança com seu público e fará com que eles sejam mais propensos a comprar os produtos que você recomenda. Boa sorte!

CAP. 7

Venda de Fotos

No mundo digital de hoje, as fotografias são uma mercadoria valiosa. Elas são usadas em todos os lugares, de websites e blogs a publicações em redes sociais e materiais impressos. Se você tem uma habilidade para tirar fotos incríveis, pode lucrar vendendo-as online. Aqui estão os passos para fazer isso:

Passo 1: Aprenda a Fotografia

Antes de começar a vender fotos, você precisa saber como tirar boas fotos. Existem muitos cursos online gratuitos e pagos que você pode fazer para melhorar suas habilidades de fotografia. Plataformas como Coursera (https://www.coursera.org/) e Udemy (https://www.udemy.com/) oferecem uma variedade de cursos de fotografia para todos os níveis de habilidade.

Passo 2: Tire Fotos de Alta Qualidade

Investir em um bom equipamento de fotografia é útil, mas com a qualidade das câmeras de smartphones hoje em dia, você pode começar apenas com o que tem. O importante é tirar fotos que sejam de alta qualidade, nítidas, bem iluminadas e interessantes.

Passo 3: Edite Suas Fotos

A edição pode levar suas fotos de boas a ótimas. Use ferramentas de edição de fotos para ajustar a luz, o contraste, a saturação e outros aspectos de suas fotos. Alguns softwares populares incluem Adobe Lightroom (https://www.adobe.com/br/products/photoshop-lightroom.html) e apps de edição gratuitos como Snapseed (https://play.google.com/store/apps/details?id=com.nik software.snapseed&hl=pt_BR&gl=US) e VSCO (https://www.vsco.co/).

Passo 4: Escolha uma Plataforma para Vender suas Fotos

Existem várias plataformas online onde você pode vender suas fotos. Aqui estão algumas das mais populares:

- Shutterstock (https://www.shutterstock.com/)

- iStock (https://www.istockphoto.com/)

- Adobe Stock (https://stock.adobe.com/br/)

- Alamy (https://www.alamy.com/)

- Getty Images (https://www.gettyimages.com.br/)

Essas plataformas operam globalmente, mas funcionam bem para fotógrafos no Brasil. Cada plataforma tem seus próprios termos e condições e taxas de comissão, então leia cuidadosamente antes de se inscrever.

Passo 5: Faça Upload e Venda suas Fotos

Após se inscrever em uma plataforma, você pode começar a fazer upload de suas fotos. Certifique-se de usar palavras-chave relevantes na descrição de suas fotos para que os compradores em potencial possam encontrá-las facilmente.

Passo 6: Receba Seus Pagamentos

Defina seus Preços e Receba seus Pagamentos Depois de enviar suas fotos, você precisará definir os preços. Cada site tem uma estrutura de preços diferente, então, é importante fazer uma pesquisa para encontrar um preço competitivo que também seja lucrativo para você.

Cada plataforma tem seu próprio sistema para pagar os fotógrafos. Em alguns sites, você pode receber um pagamento por cada download de sua foto. Em outros, você pode ser pago com base na quantidade de visualizações ou cliques que sua foto recebe.

Geralmente, esses sites oferecem pagamento por meio de serviços como PayPal, Payoneer, ou transferência bancária direta. É importante lembrar que cada plataforma tem um valor mínimo para saque. Por exemplo, no Shutterstock, o valor mínimo para retirada é de $35 para PayPal e Payoneer, e $500 para transferência bancária direta. No Adobe Stock, o valor mínimo para retirada é de $25.

Passo 7: Promova suas Fotos

Promova suas fotos em suas redes sociais e em seu site, se você tiver um. Quanto mais exposição suas fotos receberem, mais chances você terá de vender.

Agora que você tem todas as ferramentas e conhecimentos necessários, é hora de sair e começar a tirar fotos incríveis! Boa sorte e lembre-se, a persistência é a chave para o sucesso neste negócio.

CAP. 8

Pesquisa Remunerada

Participar de pesquisas remuneradas online é uma maneira fácil e flexível de ganhar dinheiro extra. Empresas e pesquisadores estão sempre procurando opiniões para melhorar seus produtos e serviços, e estão dispostos a pagar por isso. Aqui estão os passos para começar a lucrar com pesquisas remuneradas:

Passo 1: Entenda Como Funciona

As pesquisas remuneradas pagam pela sua opinião sobre uma variedade de tópicos. Você pode responder a perguntas sobre suas preferências de compra, seus hábitos de consumo, sua opinião sobre anúncios publicitários e muito mais.

Passo 2: Encontre Sites Confiáveis de Pesquisas Remuneradas

Existem muitos sites que oferecem pesquisas remuneradas, mas nem todos são legítimos ou confiáveis. Aqui estão alguns sites de pesquisa remunerada que operam no Brasil e são conhecidos por serem confiáveis e justos:

- Toluna (https://br.toluna.com/)
- GreenPanthera (https://www.greenpanthera.com/br)
- Myiyo (https://www.myiyo.com/)
- Marketagent (https://www.marketagent.com/)
- Mobrog (https://www.mobrog.com/pt.html)

Cada um desses sites oferece uma variedade de pesquisas para os usuários brasileiros. Inscreva-se em vários sites para aumentar suas chances de receber pesquisas regularmente.

Passo 3: Inscreva-se e Crie um Perfil

Uma vez que você escolheu alguns sites, inscreva-se e crie um perfil. O perfil geralmente inclui informações demográficas e de estilo de vida, que são usadas para determinar quais pesquisas são mais relevantes para você.

Passo 4: Comece a Responder Pesquisas

Depois de configurar seu perfil, você pode começar a responder pesquisas. Cada pesquisa leva um certo tempo para ser completada e paga uma certa quantia. O pagamento pode variar dependendo do comprimento e da complexidade da pesquisa.

Passo 5: Receba Seus Pagamentos

A maioria dos sites de pesquisa remunerada pagam em dinheiro através de PayPal, cartão presente ou créditos que podem ser trocados por produtos. Assegure-se de ler os termos e condições do site para entender como e quando você será pago.

As pesquisas remuneradas podem não fazer de você um milionário, mas podem oferecer uma renda extra decente com muito pouco esforço. E a melhor parte é que você pode fazer isso em qualquer lugar, a qualquer hora, desde que tenha uma conexão com a internet. Então, por que não começar a ganhar dinheiro com suas opiniões hoje? Boa sorte!

Freelance

Trabalhar como freelancer pode ser uma maneira incrivelmente gratificante e lucrativa de ganhar a vida, especialmente se você for apaixonado por uma habilidade específica ou um campo de estudo. Aqui estão os passos para começar a lucrar como freelancer no Brasil:

Passo 1: Identifique suas habilidades

O primeiro passo para começar a trabalhar como freelancer é identificar suas habilidades. Isso pode ser qualquer coisa, desde design gráfico e programação até escrita e tradução. Identifique o que você faz bem e o que as empresas estão procurando.

Passo 2: Construa um portfólio

Um portfólio mostra aos potenciais clientes o que você pode fazer. Inclua exemplos de seu trabalho, depoimentos de clientes anteriores e, se aplicável, certificações ou qualificações que você possui.

Passo 3: Encontre Trabalhos Freelance

Existem várias plataformas online onde você pode encontrar trabalho freelance. Alguns sites populares que operam no Brasil incluem:
- Workana (https://www.workana.com/)
- 99Freelas (https://www.99freelas.com.br/)
- VintePila (https://www.vintepila.com.br/)
- Freelancer (https://www.freelancer.com/)
- Upwork (https://www.upwork.com/)

Passo 4: Faça Propostas

Após se inscrever em uma plataforma, você pode começar a fazer propostas em projetos que correspondam às suas habilidades. Certifique-se de ler a descrição do projeto cuidadosamente e personalizar cada proposta para mostrar ao cliente que você entende suas necessidades.

Passo 5: Faça o Trabalho

Uma vez que você foi contratado, é hora de fazer o trabalho! Certifique-se de comunicar-se efetivamente com o cliente e entregar um trabalho de alta qualidade dentro do prazo acordado.

Passo 6: Receba Seus Pagamentos

Após a conclusão do trabalho, você será pago pela plataforma que você usou para encontrar o trabalho. Cada plataforma tem seu próprio método de pagamento, então certifique-se de entender como e quando você será pago.

Trabalhar como freelancer requer disciplina, dedicação e uma vontade constante de aprender e se adaptar. Mas se você estiver disposto a colocar o esforço, pode ser uma maneira incrivelmente gratificante e lucrativa de ganhar a vida. Boa sorte em sua jornada freelance!

CAP. 10

Lucrando com a Criação de um Canal no YouTube

O YouTube se tornou uma plataforma viável para ganhar dinheiro online. De vlogs a tutoriais, reviews e conteúdo de entretenimento, as possibilidades são infinitas. Aqui estão os passos para começar a lucrar com um canal no YouTube:

Passo 1: Escolha o Seu Nicho
Antes de começar, você precisa decidir sobre o conteúdo que vai criar. Isso deve se alinhar com seus interesses e paixões, para que você possa permanecer engajado e produzir conteúdo consistentemente.

Passo 2: Crie seu Canal no YouTube
Visite o site do YouTube (https://www.youtube.com/) e clique em "Criar Conta". Siga as instruções para configurar sua conta. Uma vez que sua conta esteja ativa, você pode personalizá-la com uma foto de perfil, descrição do canal e capa de canal.

Passo 3: Crie e Publique Conteúdo de Alta Qualidade
Seja qual for o tipo de conteúdo que você decida criar, deve ser de alta qualidade e envolvente para atrair e reter espectadores. Use uma boa câmera para gravação e softwares de edição de vídeo para garantir a qualidade do seu conteúdo. Alguns softwares gratuitos incluem Lightworks (https://www.lwks.com/) e Shotcut (https://shotcut.org/).

Passo 4: Cresça Seu Público

Use técnicas de SEO (Search Engine Optimization) para melhorar a visibilidade do seu conteúdo. Inclua palavras-chave relevantes em suas descrições e títulos de vídeo. Além disso, promova seu canal através de outras redes sociais e colabore com outros YouTubers para expandir seu alcance.

Passo 5: Monetize Seu Canal

Depois de atingir 1.000 inscritos e 4.000 horas de visualização em um ano, você pode se inscrever no Programa de Parceria do YouTube. Isso permite que você ganhe dinheiro com anúncios em seus vídeos, com o YouTube Premium, e com recursos como Super Chat, adesivos e o clube de canais.

Passo 6: Diversifique Suas Fontes de Receita

Além da monetização do YouTube, considere outras maneiras de ganhar dinheiro, como patrocínios de marca, merchandising e crowdfunding através de sites como Patreon (https://www.patreon.com/).

Passo 7: Receba seus Pagamentos

O YouTube paga mensalmente, se você atingir o limite de $100. Eles pagam através do AdSense (https://www.google.com/adsense/start/), então você precisará criar uma conta lá e vinculá-la à sua conta do YouTube.

Lembre-se, se tornar um YouTuber bem-sucedido não acontece da noite para o dia. Requer paciência, dedicação e trabalho árduo. Mas com paixão e persistência, você pode transformar o YouTube em uma carreira lucrativa. Boa sorte em sua jornada no YouTube!

CAP. 11

Conclusâo

Parabéns! Você chegou ao final deste eBook e agora está armado com o conhecimento que precisa para começar a lucrar online usando apenas o seu celular. Este é um grande passo para a liberdade financeira e a autonomia que o empreendedorismo online pode oferecer.

Cada capítulo deste livro ofereceu um caminho diferente para você explorar. Criação de conteúdo para redes sociais, venda de produtos, marketing de afiliados, venda de fotos, pesquisa remunerada, trabalho freelance e a criação de um canal no YouTube: cada um desses caminhos tem potencial para trazer lucros significativos.

Mas o mais importante é escolher um caminho que ressoe com você, que se alinhe com seus interesses e paixões. Empreender online não é fácil, mas é incrivelmente gratificante se você estiver fazendo algo que ama.

O mundo online está em constante evolução, com novas informações, tendências e tecnologias surgindo todos os dias. É crucial manter-se atualizado e bem informado. Para continuar aprofundando seu conhecimento, recomendo alguns recursos confiáveis tanto em inglês quanto em português:

1. **Blogs e Websites:** Além do TechCrunch (https://techcrunch.com/) e do Mashable (https://mashable.com/), o próprio Blog do YouTube (https://blog.youtube/), também

recomendo o blog brasileiro Startupi (https://startupi.com.br/) que traz novidades sobre o empreendedorismo digital no Brasil.

2. **Podcasts:** Há uma diversidade de podcasts em português sobre empreendedorismo e marketing digital, como "ResumoCast" (https://www.resumocast.com.br/), onde é discutido um livro de negócios por semana e o "VDB Cast" (https://viverdeblog.com/podcast/) que aborda assuntos relacionados ao mundo digital.

3. **Cursos online:** As plataformas de cursos como Udemy (https://www.udemy.com/), Coursera (https://www.coursera.org/), Khan Academy (https://www.khanacademy.org/) e o brasileiro Alura (https://www.alura.com.br/) oferecem uma ampla gama de cursos sobre empreendedorismo digital e marketing online.

4. **Livros:** Para uma leitura em português, recomendo "O Círculo Virtuoso" de Gisele Bündchen, que, embora não seja estritamente sobre marketing digital, oferece uma excelente visão sobre como construir e manter uma marca pessoal de sucesso.

5. **Fóruns e Comunidades online:** Reddit (https://www.reddit.com/) tem vários subreddits dedicados a diferentes aspectos do empreendedorismo online, e o Quora (https://www.quora.com/) é um lugar excelente para fazer perguntas e obter respostas de experts no campo. Além disso, o StartupBase

(https://comunidade.startupbase.com.br/) é uma comunidade brasileira onde empreendedores podem discutir e trocar experiências.

Não permita que distrações e desafios te desencorajem. A jornada empreendedora é cheia de altos e baixos, mas é sua perseverança e dedicação que determinarão seu sucesso.

Acredite em si mesmo, dê o seu melhor, e você verá os frutos do seu trabalho. Obrigado por me permitir ser parte da sua jornada. Agora, vá em frente e conquiste o mundo digital!

Carlos Loyola

www.ingramcontent.com/pod-product-compliance
Lightning Source LLC
Chambersburg PA
CBHW060849260726
48661CB00002B/698